INSTITUT DE SAUVETAGES DE LA MÉDITERRANÉE

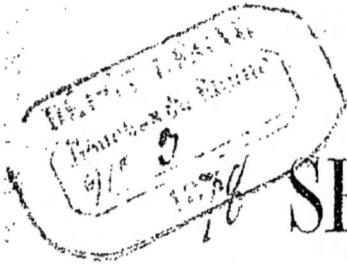

SECOURS
AUX ASPHYXIÉS

PAR

ALPHONSE BOS

Docteur en Médecine de la Faculté de Paris,

Secrétaire-Trésorier du Congrès Médical International (Session de 1869),

Chirurgien-Major pendant la guerre de 1870,

Vice-Président de l'Institut de Sauvetages de la Méditerranée, etc.

TROISIÈME ÉDITION

Ornée de figures, revue, corrigée et augmentée
des Instructions pratiques d'après celles de la Société
Royale Humanitaire d'Angleterre.

MARSEILLE
1878

INSTITUT DE SAUVETAGES DE LA MÉDITERRANÉE

SECOURS
AUX ASPHYXIÉS

PAR

ALPHONSE BOS

Docteur en Médecine de la Faculté de Paris,

Secrétaire-Trésorier du Congrès Médical International (Session de 1869),

Chirurgien-Major pendant la guerre de 1870,

Vice-Président de l'Institut de Sauvetages de la Méditerranée, etc.

TROISIÈME ÉDITION

Ornée de figures, revue, corrigée et augmentée
des Instructions pratiques d'après celles de la Société
Royale Humanitaire d'Angleterre.

MARSEILLE
1878

A Henri SILVESTRE, Chevalier de la Légion d'Honneur, Président de l'Institut de Sauvetages de la Méditerranée.

Cher Ami,

Une amitié de plus de trente ans, que ni l'absence ni les vicissitudes de la vie n'ont pu affaiblir, me dispense de tout compliment. Je ne te dois que la vérité; et dire que l'Institut de Sauvetages t'est entièrement redevable de son existence prospère, n'est que la simple expression de la vérité.

Ces quelques pages où j'ai donné aux Sauveteurs des instructions pratiques pour rappeler à la vie les asphyxiés, te reviennent de droit. Tu les a inspirées; acceptes-en l'hommage comme une faible marque de ma vieille et constante affection.

Dr A. BOS,
Vice-Président.

Marseille, Octobre 1877.

PRÉFACE

DE LA TROISIÈME ÉDITION

Si ce petit opuscule est si rapidement arrivé à sa troisième édition, il le doit à l'utilité du sujet qu'il traite et au bon accueil que le public a bien voulu faire aux efforts de l'auteur pour propager les moyens aussi faciles que rationnels de ranimer les personnes en état de mort apparente.

Parmi les nombreuses marques de sympathie que j'ai reçues, je me plais à citer la délibération de notre Municipalité, qui a voté l'achat de cent exemplaires des Secours aux Asphyxiés, pour être déposés dans les bureaux de secours et partout où l'on peut avoir à donner des soins urgents en cas d'accidents. L'honneur de cette distinction revient en grande partie à l'*Institut de Sauvetages de la Méditerranée* qui, dans un but de propagande humanitaire, a fait imprimer ce petit guide du sauveteur. Aussi, suis-je heureux de pouvoir placer en tête de cette troisième édition le Rapport aussi bienveillant que lumineux qui nous a valu la flatteuse attention de la Municipalité. Ce sera la meilleure préface et le plus bel ornement de cette réimpression.

· J'ai ajouté au texte quelques figures pour faire mieux comprendre les méthodes de respiration artificielle ; les yeux retiennent souvent mieux que les oreilles.

Enfin, on trouvera dans cette nouvelle édition des instructions pratiques qui résument en quelques mots ce qu'il faut faire pour sauver les asphyxiés. Elles sont en substance les mêmes que celles recommandées par la *Société Royale Humanitaire de Londres*, cette *alma mater* de toutes les Sociétés de Secours, que j'ai le plaisir de remercier ici de l'obligeance avec laquelle elle s'est empressée de mettre à ma disposition les clichés représentant la méthode anglaise de respiration artificielle.

Si les enseignements contenus dans ce petit livre pouvaient contribuer à sauver la vie ne fût-ce qu'à un seul noyé, je serais récompensé, et au-delà, du travail qu'il a pu me donner ; le grain ne serait pas tombé sur la pierre stérile et, modeste laboureur dans le champ humanitaire, je pourrais me réjouir du petit sillon que j'y ai tracé.

MAIRIE DE MARSEILLE

COMMISSION MUNICIPALE

Séance du 16 Novembre 1877.

M. Eug. Rostand, Adjoint au Maire de Marseille, fait le Rapport suivant :

Messieurs,

M. le Docteur Bos a adressé à l'Administration une demande tendant à faire placer, dans les bureaux de secours, dans les postes de douaniers, de police, de sapeurs-pompiers, un opuscule qu'il a récemment publié sous le titre : *Secours aux Asphyxiés.*

Cet opuscule est détaché d'une série d'études d'Hygiène populaire parues dans l'un des grands organes de la presse locale (1), et qui ont été fort remarquées. Il contient, sous une forme accessible à tous et très-claire, des enseignements pratiques, d'après l'état le plus récent de la science, pour porter secours aux noyés, aux asphyxiés, et en général à toutes les personnes qui sont en état de mort apparente. Il a été publié sous les auspices de

---

(1) Le *Journal de Marseille.*

l'Institut de Sauvetages de la Méditerranée qui, sous la présidence active de M. Henri Silvestre, groupe, en vue d'un but de bien public, des dévouements nombreux.

Il a paru à l'Administration que la vulgarisation des véritables notions pratiques de secours aux noyés, asphyxiés, etc., devait être encouragée par les pouvoirs publics dans une grande cité populeuse, où les accidents entraînant mort apparente et les tentatives de suicide sont malheureusement de tous les jours. Plus d'une créature humaine pourrait être sauvée si les soins à donner en ces cas n'étaient point déviés et faussés par des erreurs trop répandues, si, au contraire, les procédés les plus simples et les plus exacts de secours étaient connus de tous.

Par ces motifs, l'Administration vous propose de voter l'achat de 100 exemplaires de l'opuscule publié sous le titre : *Secours aux Asphyxiés*, par M. le Docteur A. Bos, au prix de 0ᶠ 50ᶜ l'exemplaire ; la dépense devant être imputée sur l'article *Frais généraux de police ;* pour, les dits exemplaires, être placés en dépôt dans les bureaux de secours aux noyés, les bureaux de bienfaisance, les postes de police, de sapeurs-pompiers, etc., etc.

Les conclusions du Rapport sont adoptées.

SECOURS
AUX ASPHYXIÉS

I

QU'EST-CE QUE L'ASPHYXIE?

Quand on retire de l'eau un individu qui est resté submergé, ne serait-ce que pendant quelques minutes, il a toutes les apparences d'un homme mort : il est immobile, insensible, le cœur ne bat plus ou bat si faiblemeut et si lentement qu'il faut beaucoup d'attention pour s'en apercevoir, la respiration est suspendue ; nous disons que l'individu est en état d'asphyxie.

Qu'a-t-il fallu pour produire cette mort apparente qui se changera bientôt en mort réelle, si des secours ne sont pas donnés le plus promptement possible ? Que l'individu restât quelques instants sous l'eau, privé d'air.

L'asphyxie est donc la privation d'air, la suspension de la respiration, de cette fonction capitale qui, avec celles du cerveau et du cœur, forme le trépied vital, suivant la belle expression de Bichat. Il n'est pas besoin d'insister sur la nécessité de l'air, ou plutôt de l'oxygène contenu dans l'air, pour entretenir la vie. Cette nécessité est de tous les instants ; la privation totale de l'air ne peut être maintenue plus de deux minutes sans amener la mort ; il faut donc se hâter le plus possible pour que les secours qu'on apporte aux asphyxiés arrivent à temps, et il faut connaître quels sont les moyens les plus efficaces pour les rappeler à la vie afin de ne point perdre son temps aux bagatelles de la porte de la mort.

On conçoit facilement qu'il n'y a pas que les noyés qui meurent asphyxiés. Tous les individus qui d'une manière ou d'une autre sont privés d'air respirable, meurent également asphyxiés. Ainsi les pendus, les étranglés, ceux qui restent enfouis sous un éboulement de terrain, ceux qui s'enferment dans une chambre où brûle un réchaud plein de charbon, ceux qui, en descendant dans les fosses d'aisance, les égoûts, etc., tombent inanimés, tous ceux-là sont des asphyxiés comme les noyés ; ils meurent également par privation d'air, et ils réclament les mêmes secours.

Pour bien comprendre en quoi doivent consister ces secours, il est bon d'avoir une connaissance au moins sommaire de la fonction respiratoire qui vient d'être suspendue et qu'il s'agit de rétablir.

C'est dans la profondeur des poumons que s'opère continuellement l'échange entre l'oxygène de l'air et l'acide carbonique du sang. Pour que cet échange s'effectue, la poitrine se dilate et se resserre, exécutant un double mouvement rhythmi-

que d'ampliation et de resserrement qui se renou-
velle régulièrement dix-huit fois par minute.
Pendant le premier temps, ampliation de la poitrine, l'air du dehors se précipite dans les poumons ; les côtes se soulèvent, le diaphragme se
contracte et la cavité thoracique est augmentée
dans tous les sens; le vide s'y forme ainsi et l'air
pénètre jusque dans les dernières diramations des
bronches pour porter au sang l'oxygène indispen-
sable à la vie. Ce premier temps est connu sous le
nom d'*inspiration*. Dans le second, l'*expiration*,
la poitrine revient sur elle-même, le diaphragme
également, la capacité de la cavité thoracique
diminue , et l'air , chargé d'acide carbonique
impropre au maintien de la vie, s'échappe de la
poitrine.

Chaque mouvement respiratoire se compose
donc d'une inspiration qui correspond à la dilatation de la poitrine et à l'entrée de l'air, et d'une
expiration qui correspond au resserrement de la
poitrine et à la sortie de l'air.

Tel est dans toute sa simplicité le phénomène
mécanique de la respiration qui, dès qu'il sera
entravé ou définitivement arrêté, produira un com-
mencement d'asphyxie ou l'asphyxie complète.
Dans ces cas, quelle est l'indication immédiate,
naturelle, physiologique qu'il faut remplir? Évi-
demment introduire au plus tôt de l'air dans les
poumons, et pour ce faire, il faudra obéir au grand
principe qui domine toute la médecine, il faudra

imiter la nature, c'est-à-dire imiter autant que possible les actes mécaniques que le corps exécute normalement pour introduire l'air dans les poumons; il faudra pratiquer la respiration artificielle et la meilleure respiration *artificielle* sera celle qui se rapprochera le plus de la respiration *naturelle*.

Ce que je viens de dire a l'air d'être tout simple, et il semble logique de rétablir d'abord chez les asphyxiés la fonction respiratoire dont la suspension menace immédiatement la vie; c'est pourtant la dernière chose à laquelle on a recours, si on y a recours, pour secourir les noyés, pendus, etc. Je ne parle pas seulement de ces pratiques populaires où brille l'ignorance la plus absolue de ce qu'est l'asphyxie : par exemple la suspension par les pieds, comme si le noyé allait mourir parce qu'il a trop bu, idée qui a dû germer primitivement dans quelque cerveau fortement alcoolisé et ennemi juré de l'eau; mais les circulaires ministérielles elles-mêmes, pour donner des instructions aux capitaines marins, insistent encore beaucoup trop sur les moyens accessoires : frictions, inhalation d'alcali volatil, etc., dont l'efficacité est très-contestable, et pas assez sur le véritable remède rationnel, la respiration artificielle, qui à elle seule ramène sûrement à la vie un individu asphyxié, à condition toutefois qu'elle soit pratiquée à temps.

II

DES MOYENS ACCESSOIRES.

Disons deux mots de suite des moyens accessoires que l'on emploie ordinairement pour ranimer les asphyxiés.

En premier lieu viennent les frictions sèches ou alcoolisées que l'on pratique avec la main nue ou gantée d'un gant de crin, avec une brosse, de la flanelle chaude, un linge rude, etc. Quant au liquide alcoolique, que l'on emploie pour renforcer l'action de la main, que ce soit de l'eau-de-vie camphrée, de la teinture d'arnica, du rhum, du cognac, de l'esprit de vin, mon indifférence est absolue à ce sujet, et on peut laisser à chacun le choix du liquide qu'il préfère pour des raisons qu'il serait difficile de connaître. D'ailleurs ces frictions, si généralement employées et tant recommandées un peu partout et même dans les instructions officielles, ne peuvent qu'activer la circulation de la peau et en exciter les nerfs, mais elles ne font certainement pas respirer, ce qui est la seule chose vraiment importante.

Les frictions ne sont pas les seules irritations de la peau que l'on met en usage; on emploie également les ventouses; on brûle la peau en y versant dessus de la cire à cacheter; on l'irrite avec des sinapismes; on la fouette avec des linges trempés dans du vinaigre, etc.

Après les irritations de la peau, citons celles des muqueuses. On approche des narines des flacons remplis de sel anglais, de vinaigre très-fort, d'éther, d'ammoniaque liquide, de vapeurs de chlore, etc. On pratique avec une plume d'oie ou un pinceau des titillations de l'arrière-bouche et des fosses nasales. Comme la muqueuse de l'intestin conserve plus longtemps sa sensibilité, on administre des lavements d'eau salée, vinaigrée, des solutions de chlorate de potasse, des décoctions de tabac. On employait même, il y a quelque temps, des insufflations de fumée de tabac introduites dans le gros intestin au moyen d'un soufflet.

Si l'on se rappelle ce que j'ai dit, que dans l'asphyxie, la vie était directement menacée par la suspension de la respiration, on comprendra facilement l'inutilité et même le danger de toutes ces pratiques et d'autres semblables que je ne cite pas pour abréger.

Toutes ces irritations de la peau et des muqueuses ne s'adressent qu'à l'activité périphérique de la circulation et des nerfs; elles n'ont aucune action directe sur la fonction capitale arrêtée, la respiration. En admettant qu'elles en aient une indirecte, ce ne sera qu'après avoir réveillé la sensibilité et la circulation qu'elles arriveront, par un chemin très-détourné, à avoir quelque influence sur la mise en action des mouvements respiratoires. En effet, une irritation de la peau doit arriver au cerveau pour se transformer en sensation; celle-ci, à son tour, doit exciter les nerfs qui du cerveau se rendent aux muscles, agents mécaniques de la respiration. Ce n'est pas alors que la privation d'air peut tuer en une ou deux minutes, qu'il faut s'amuser ainsi à faire l'école buissonnière. Ainsi donc parmi ces moyens, si les uns sont dangereux par eux-mêmes comme les lavements ou les insufflations de tabac, ils sont tous indirectement dangereux, parce qu'ils font perdre un temps précieux, en tenant la place des moyens réellement efficaces.

Que dire des moyens qui, pour être mis en action, demandent l'emploi d'appareils ou d'instruments? Quand bien même on aurait reconnu leur efficacité, ils ne seront jamais d'une utilité pratique, parce que neuf fois sur dix il n'y aura ni appareils ni instruments sur le lieu où l'on vient de retirer de l'eau un noyé, où l'on trouve un pendu, un asphyxié par l'acide carbonique.

La même critique s'adresse aux moyens qui exigent une certaine pratique chirurgicale. Ils pourront être bons en théorie, ils pourront être pratiqués à l'occasion par des hommes de l'art, quoique leur efficacité soit très- contestable, mais quatre-vingt-dix-neuf fois sur cent il n'y aura pas de médecin; et pendant qu'on ira en chercher un, l'asphyxié aura tout le temps de mourir. Pour que les secours soient efficaces, il faut qu'ils soient prompts; et pour être prompts, il faut que la première personne venue, qui se trouve sur les lieux, puisse les administrer. Ainsi on a proposé la faradisation des nerfs phréniques qui mettent en mouvement le diaphragme, muscle des plus importants dans la respiration. Mais où trouver un appareil électrique tout prêt à fonctionner sur le lieu de l'accident? Des expériences faites sur les animaux asphyxiés semblent prouver que l'acupuncture du cœur est capable de les rappeler à la vie. Sans vouloir critiquer ce procédé qui pour arriver aux poumons s'adresse au cœur, qui, n'étant pas médecin, oserait enfoncer une longue aiguille jusque dans le cœur d'un individu qu'il faut rappeler à la vie?

Je crois donc inutile de parler ici d'instruments, comme par exemple du speculum laryngien du docteur Labordette, ou d'opérations qui demandent l'intervention d'un chirurgien, par exemple la trachéotomie, la transfusion du sang, etc. Je le répète, tous ces moyens peuvent être bons en théorie, mais je doute qu'ils aient jamais sauvé un asphyxié, par la raison toute simple qu'on ne les a pas sous la main au moment opportun.

III

DE LA RESPIRATION ARTIFICIELLE.

Venons donc à la respiration artificielle qui est le traitement le plus sûr, le plus prompt, le plus énergique, et, j'ajoute, le plus facile. Il convient dans toutes les espèces d'asphyxie.

Qu'il y ait simple privation d'air comme pour les noyés ; qu'un obstacle mécanique s'oppose à l'introduction de l'air : pendus, étranglés ; que même à la privation d'air vienne s'ajouter un empoisonnement par des gaz méphitiques : vidangeurs tombés dans les fosses d'aisance, ou par l'oxyde de carbone, quand l'asphyxie est produite par du charbon allumé, la respiration artificielle sera toujours le moyen qu'il faudra employer pour rappeler à la vie ces divers asphyxiés.

Il y a plusieurs procédés de respiration artificielle ; ils peuvent se placer sous deux chefs : les uns font exécuter à l'asphyxié les mouvements naturels de la respiration, ce sont les meilleurs puisqu'ils imitent le mieux la nature ; les autres ont pour but l'insufflation directe de l'air dans les poumons.

Parmi ces derniers voici les principaux :

1° PROCÉDÉS PAR INSUFFLATION D'AIR

On a proposé et pratiqué l'insufflation de bouche à bouche, ce qui veut dire qu'un individu colle

sa bouche contre celle de l'asphyxié en soufflant dedans. Mais c'est là du dévouement en pure perte ; car l'air passe ordinairement dans l'estomac qu'il gonfle comme un ballon et qui devient ainsi, par son volume augmenté, un nouvel obstacle à la respiration.

On ne pourrait pas faire la même objection à l'insufflation trachéale qui se pratique au moyen d'une canule introduite dans les voies respiratoires. Mais cette introduction n'est pas si facile que semblent le faire croire les manuels classiques et les instructions ministérielles. Cette canule, maniée par des mains inexpérimentées, au lieu de s'engager dans le larynx et la trachée, va se fourvoyer ordinairement dans l'œsophage, et alors, comme dans l'insufflation de bouche à bouche, l'individu mange de l'air au lieu d'en respirer, ce qui est loin d'être la même chose. D'ailleurs il faut encore ici se servir d'un instrument et, comme les autres procédés, celui-ci est critiquable au point de vue pratique.

L'insufflation directe d'air présente, en outre, le grave danger, si elle est trop énergique, d'exposer à la rupture des vésicules pulmonaires. Tout le monde a éprouvé cette sensation pénible de l'introduction violente de l'air, lorsqu'on marche vite contre le vent ; c'est là un avis que nous donne le système nerveux du danger que courent nos poumons. Ce danger est décuplé par les insufflations artificielles où l'on est toujours porté, dans l'intention de bien faire, à pousser avec force une grande quantité d'air, en soufflant, soit avec la bouche, soit avec une canule, soit, ce qui est pire, avec un soufflet. L'insufflation trachéale rentre pour ces motifs dans la catégorie des moyens qui ne peuvent être vulgarisés.

2° PROCÉDÉS PAR DILATATION DE LA POITRINE.

Il nous reste à décrire les procédés de respiration artificielle qui se rapprochent le plus de la nature et qui, partant, doivent être pratiqués de préférence aux autres. Ils ont, en outre, l'incontestable supériorité de ne pas exiger d'instruments ou d'appareils pour être employés. En un mot ils réunissent l'imitation de la nature et la simplicité des moyens, deux qualités éminentes en médecine comme en toute autre chose.

Procédé ordinaire.—Un premier procédé consiste dans la pression et le relâchement alternatifs de la poitrine et du ventre. C'est celui qui est le plus anciennement connu et que recommandent encore les circulaires ministérielles. Le voici tel qu'il est décrit dans l'*Instruction médicale pour Messieurs les Capitaines marins*: « On appuie une main sur la base de la poitrine et l'autre sur le ventre, en pressant alternativement tantôt avec l'une, tantôt avec l'autre main. »

Ce procédé n'imite pas très-bien la nature; il

commence par une expiration, qui est pour ainsi
dire le temps passif de l'acte total respiratoire ; le
temps le plus important, l'inspiration, est confié à
la seule élasticité des côtes ; il est en outre passible
d'un grave reproche : les pressions exercées sur le
ventre chassent les liquides que contient l'estomac
(et chez les noyés cet organe peut contenir une
notable quantité d'eau). Le liquide, refoulé jusque
dans l'arrière-bouche, passe dans les voies respiratoires et augmente l'asphyxie que l'on veut com-
battre. Ce procédé, quoique d'une exécution facile,
est donc à rejeter.

Procédé de Marshall-Hall. — Marshall-Hall,
physiologiste anglais plein d'originalité, a préco-
nisé un procédé qui, en général, est assez mal
décrit. Le voici : le corps du noyé est étendu la face
contre terre ; puis on le place sur le côté droit, en
laissant la poitrine se dilater. On place alternativement l'individu dans ces deux positions. Pour
donner une idée vulgaire, mais assez exacte de ce
procédé, je dirai que l'on fait à peu près exécuter
au corps de l'asphyxié l'exercice burlesque, appelé
la sardine, que les clowns font au cirque pour faire
rire les spectateurs. Dans la première position,
la face contre terre, le poids du corps exerce sur la
partie antérieure de la poitrine, une compression
qui en diminue la capacité et qui répond à l'expiration. Dans le second temps, le corps étant couché
sur le côté, la poitrine se dilate par sa propre
élasticité ; il correspond à l'inspiration.

On peut adresser à ce procédé les mêmes reproches qu'au précédent : il commence par une expiration, la dilatation de la poitrine s'exécute passivement, par la simple élasticité des côtes.

Aussi son peu d'efficacité l'a fait abandonner, même en Angleterre.

J'en viens aux deux procédés vraiment utiles et qui déjà ont sauvé la vie à un grand nombre de noyés. Ils imitent une profonde inspiration naturelle, en dilatant activement la poitrine par un mécanisme qui se rapproche du mécanisme physiologique. Ce sont les procédés des docteurs Silvester de Londres et Pacini de Florence.

Procédé Silvester. — Voici comment on pratique le procédé Silvester :

Le noyé est étendu sur le dos, sur un plan incliné de manière à ce que la tête soit légèrement plus élevée que les pieds. La tête doit être placée dans la direction du tronc. Les épaules sont soutenues par un coussin, une couverture pliée en plusieurs doubles, une bûche de bois, etc. On commencera par nettoyer la bouche et les narines du sable et des mucosités qui s'opposeraient à l'entrée de l'air dans les poumons. Il est essentiel, en effet, que les premières voies soient libres, quel que soit d'ailleurs le procédé employé. On tire en dehors la langue et on la maintient entre les lèvres soit en passant sous le menton un mouchoir que l'on noue sur la tête, soit, ce qui vaut mieux, en passant une bande élastique ou autre sur la langue et sous le menton.

L'opérateur se plaçant alors derrière, et saisissant les deux bras de l'asphyxié, les relève fortement des deux côtés de la tête de manière à les tenir accolés l'un contre l'autre, et les maintient dans cette position pendant deux secondes *(fig. I)*. Il les abaisse ensuite, les fléchit et les applique fortement sur les côtés de la poitrine *(fig. II)*. Il presse ensuite avec les deux mains sur la partie inférieure et antérieure de la poitrine.

I. — INSPIRATION.

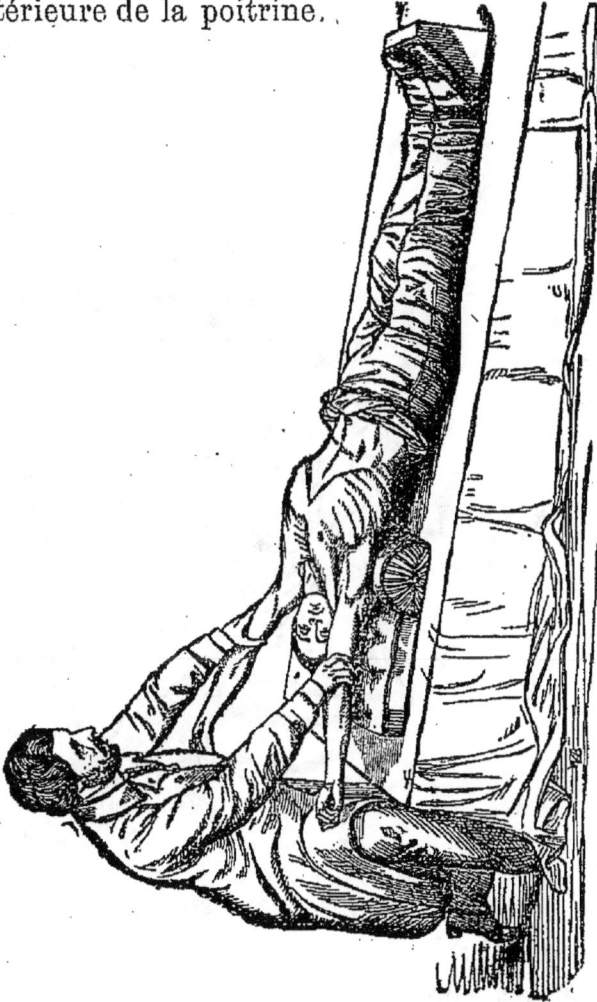

Le premier temps correspond à l'inspiration
(fig. I) : les bras qui sont attachés à la poitrine
par des muscles puissants, soulèvent les côtes en
s'élevant ; la cavité de la poitrine est agrandie et
l'air se précipite dans les poumons.

II. — EXPIRATION.

Le second temps correspond à l'expira-
tion *(fig. II)* : les bras ramenés contre la poitrine,
celle-ci est comprimée et se resserre grâce à sa

propre élasticité, aidée par la pression des mains.
L'air précédemment introduit dans la poitrine
s'échappe au dehors.

En répétant 15 à 16 fois par minute ce double
mouvement d'élévation et d'abaissement des bras,
on imite le double mouvement d'inspiration et
d'expiration qui a lieu dans la respiration naturelle.

Comme on le voit, ce procédé de respiration
artificielle est des plus simples. Il consiste, en
résumé, à faire exécuter aux bras des mouvements
alternatifs d'élévation et d'abaissement.

Il a été employé à Paris et surtout à Londres sur
une large échelle ; il a déjà sauvé plusieurs milliers
de noyés entre les mains des membres de la *Société
royale humanitaire de Londres*. Ce sont là de
glorieux états de services, et son inventeur, le
modeste docteur Silvester, a bien mérité de l'humanité.

Saluons en passant la Société humanitaire de
Londres : fondée par trente-deux personnes, en
1774, elle s'est élevée de cet humble début par la
charité et le dévouement au plus haut rang parmi
les sociétés de bienfaisance de la grande métropole
de l'Empire Britannique. Les lords et les princes
du sang tiennent à honneur d'en faire partie ; elle
est riche en avoir et en hommes dévoués, puissante
par les bonnes œuvres ; elle sauve chaque année des
centaines de malheureux qu'elle retire des eaux de
la Tamise où elle entretient de nombreuses maisons

de secours ; elle grandit chaque jour dans l'estime et la reconnaissance du public par les sauvetages qu'elle accomplit et les bienfaits qu'elle répand autour d'elle ; elle mérite de servir d'exemple à toutes les Sociétés humanitaires qui ont le même but : rappeler à la vie les malheureux noyés ou asphyxiés de toute autre manière.

Procédé Pacini. — Le procédé Silvester a été publié à Londres par son auteur en 1863. (1) Celui du professeur Pacini dont nous allons parler fut décrit en 1867 dans un journal de médecine de Florence (*L'Imparziale,* p. 225) Le professeur Pacini est revenu sur sa méthode de respiration artificielle dans deux mémoires publiés, l'un en 1870 (2), l'autre en 1876 (3). Le premier a été traduit en français et imprimé dans le *Journal de*

---

(1) H. R. SILVESTER, *The discovery of the physiological Method of inducing Respiration in case of apparent Death from Drowning, Chloroform, etc.* London, 1863, c'est-à-dire: *Découverte de la méthode physiologique pour produire la respiration dans les cas de mort apparente causée par submersion, chloroformisation, etc.*

(2) F. PACINI, *Il mio metodo di respirazione artificiale per la cura dell'asfissia, posto a confronto con gli altri metodi generalmente usati,* Florence, 1870, c'est-à-dire: *Ma méthode de respiration artificielle pour le traitement de l'asphyxie, comparée aux autres méthodes généralement en usage.*

(3) F. PACINI, *Del mio metodo di respirazione artificiale nella asfissia e nella sincope, con nove casi di resurrezione e risposta ad alcune obiezioni sperimentali del prof. Maurizio*

la Société des sciences médicales et naturelles de Bruxelles, septembre 1871, p. 215.

Ce procédé a été couronné par la Société royale de Londres, communiqué à l'Académie de médecine, qui l'a favorablement accueilli dans une de ses séances de l'an passé, où **M.** le docteur Woillez a présenté son spirophore, encore un de ces appareils destinés au traitement de l'asphyxie. J'ai moi-même fait connaître avec détail la méthode Pacini, dans une conférence faite à l'Institut de Sauvetages de la Méditerranée et dans plusieurs démonstrations pratiques. Cette méthode est surtout pratiquée dans le pays qui l'a vu naître, à Livourne, à Florence, à Gênes, etc. ; elle mérite d'être répandue et mieux connue parce que, comme la méthode Silvester, elle découle du mécanisme physiologique de la respiration.

Comme j'ai assisté, pour ainsi dire, à la naissance de ce procédé, je raconterai comment il a été trouvé. Le professeur Pacini, bien connu dans le monde scientifique pour la découverte des *corpuscula Pacini*, avait observé, que lorsqu'on prenait par les bras et les jambes les cadavres pour les placer de la civière sur la table de dissection, il se produisait souvent un bruit de sifflement qui indi-

---

Schiff, Florence, 1876, c'est-à-dire : *De ma méthode de respiration artificielle dans l'asphyxie et la syncope, avec neuf cas de résurrection, et réponse à quelques objections expérimentales du prof. Maurice Schiff.*

quait l'entrée de l'air dans la poitrine. Ce phénomène, qui avait passé inaperçu pendant des siècles,
suggéra au professeur Pacini l'idée de son procédé,
et les premières expériences furent, en effet, faites
sur des cadavres.

C'est ainsi que les faits les plus ordinaires peuvent devenir pour un esprit observateur la source
d'applications très-utiles et même de grandes
découvertes scientifiques. Le balancement de la
lampe du Dôme de Pise fait découvrir à Galilée le
pendule pour mesurer le temps ; une pomme qui
tombe dans le jardin de Newton, l'amène à la découverte des lois de la gravitation universelle. Dans un
ordre d'idées beaucoup plus humble, le sifflement
de l'air passant à travers la trachée des cadavres,
conduit le professeur Pacini à inventer sa méthode
de respiration artificielle dont voici la description :

L'individu couché sur le dos, autant que possible
sur un plan incliné, de manière à ce que la tête soit
placée plus haut que les pieds, les vêtements cou-
pés ou relachés, la bouche débarrassée du sable et
des mucosités qui empêcheraient le libre passage de
l'air, l'opérateur se place derrière, en sorte que la
tête de l'asphyxié appuie contre sa poitrine, si l'opérateur est debout et le patient couché sur une
table, contre ses cuisses si l'opérateur est à genoux
et le patient par terre. Il saisit vigoureusement la
partie supérieure des deux bras, près des moignons
des épaules ; les mains doivent être placées, les pouces en avant et sur l'épaule, et les quatre autres

doigts en arrière et sous les aisselles. Il tire en haut et soulève les épaules, ce qui constitue le premier temps, l'inspiration, celui pendant lequel l'air entre dans la poitrine. Après avoir ainsi soulevé fortement les épaules, il les laisse s'abaisser d'elles-mêmes ; c'est là le second temps, l'expiration, qui est laissé à l'élasticité naturelle de la poitrine revenant dans sa position première. On répète alternativement ces mouvements d'élévation forcée et d'abaissement passif des épaules, afin d'imiter les mouvements naturels.

Comment la manœuvre que nous venons de décrire, peut-elle augmenter la capacité de la poitrine et, partant, imiter l'inspiration naturelle ? Les épaules sont attachées à la poitrine et précisément au sternum, au moyen des clavicules (ces deux os qui font saillie au sommet de la poitrine, surtout chez les personnes maigres), et en soulevant fortement les épaules, on soulève également le sternum et les côtes, d'où l'ampliation de la cavité thoracique. On entend, en effet, pendant le premier temps de la manœuvre, l'air qui se précipite avec bruit dans la poitrine. En laissant retomber les épaules, la poitrine se rétrécit par sa propre élasticité, et l'air est expiré.

Si c'est un enfant ou un individu très-léger que l'on a à sauver, il faudra qu'une seconde personne le tienne par les pieds, parce qu'en soulevant les épaules, on pourrait soulever le corps entier, et la force, se décomposant sur tout le corps, serait perdue pour l'effet utile, le soulèvement de la poitrine.

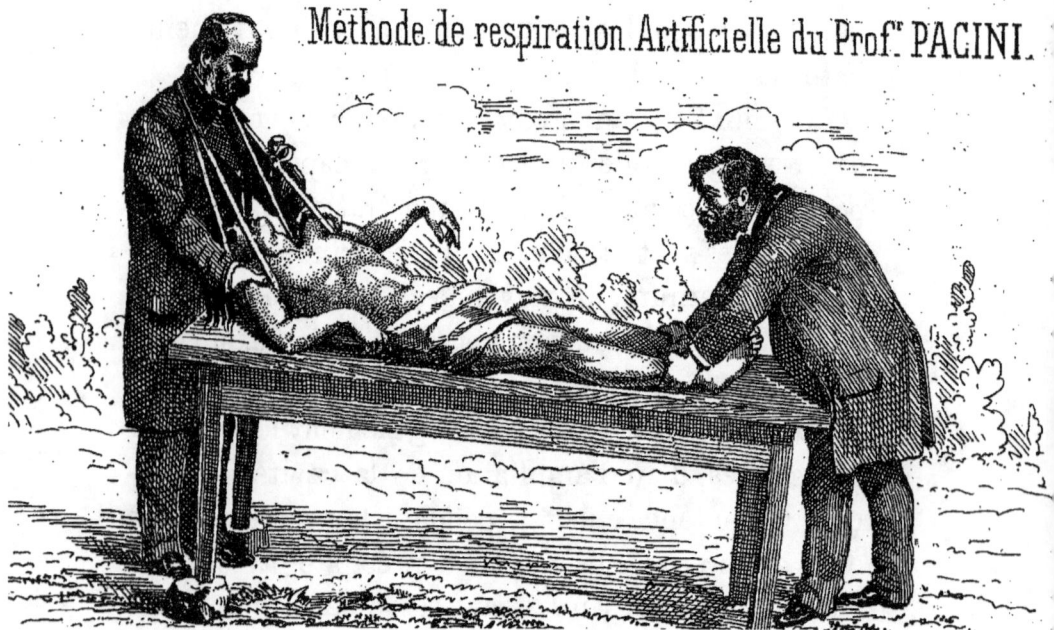

Méthode de respiration Artificielle du Prof.ʳ PACINI.

Si, au contraire, l'individu est très-gros, deux personnes seront nécessaires pour exécuter la manœuvre ; chacune d'elles, saisissant une épaule avec les deux mains, la soulèvera, en faisant concorder les mêmes mouvements.

On a proposé de remplacer les mains par des coussinets passés sous les aisselles ; il est vrai qu'on se fatigue moins ainsi; mais on n'a pas des coussinets sous la main et, dans l'immense majorité des cas, il faudra s'en tenir à la manœuvre décrite sans aucune espèce d'appareils.

Le docteur Bain, de Londres (1), a proposé de placer les mains en sens contraire, c'est-à-dire de saisir les moignons des épaules en mettant les pouces en dessous et les quatre autres doigts en avant et au-dessus du moignon. Dans cette position on a moins de force pour soulever les épaules ; mais il y a des gens qui, pour attacher leur nom à ce qu'ils n'ont pas découvert, vont jusqu'à modifier en pire et gâter les procédés et les méthodes des autres.

Les deux procédés de respiration artificielle que nous venons de décrire sont également bons. Les

---

(1) W. P. BAIN. *On a new and simple Method of inducing artificial Respiration in cases of Asphyxia, from Drowning, Strangulation, Chloroform, poisonous Gases, etc.*, in *The Lancet*, 19 déc. 1868, *page 800*, c'est-à-dire : *D'une nouvelle et simple méthode pour produire la respiration artificielle dans les cas d'asphyxie par submersion, strangulation, chloroformisation, gaz méphitiques*, etc.

tractions énergiques exercées sur les bras ou sur les épaules, se transmettent à la poitrine, la dilatent et y font pénétrer l'air.

Si la quantité d'air introduite est plus considérable pour chaque inspiration produite par le procédé Silvester, le procédé Pacini en introduit davantage au bout d'un certain temps, parce qu'on peut faire suivre plus rapidement les mouvements d'élévation des épaules et imiter ainsi la respiration accélérée des personnes qui ont grand besoin d'air. D'un autre côté le procédé Pacini est beaucoup plus fatigant, et si l'asphyxié est corpulent, nous avons vu qu'il faut être à deux pour pratiquer la respiration artificielle.

Pour remédier à cet inconvénient, le professeur Pacini a modifié son procédé de la manière suivante. Je cite le passage même de la lettre qu'il a bien voulu m'adresser à ce sujet :

« J'ai fait tout dernièrement une petite modification à ma méthode, pour la rendre moins fatigante et plus efficace.

» Cette modification consiste dans l'emploi d'une corde ou encore mieux d'une forte bande, longue d'environ quatre mètres, dont l'opérateur lie les deux bouts à sa gauche (V. la fig.). Jetée ainsi en double derrière le cou de l'opérateur, elle forme à ses deux extrémités deux anses que l'on passe sous les aisselles du patient.

» De cette façon, l'opérateur, en tendant son cou

3

et en se tirant en arrière, exerce facilement les tractions inspiratrices, pendant que ses mains dirigent
le mouvement ou maintiennent la tête du patient,
ou bien tiennent la bouche ouverte, etc.

» Pour vous rendre compte de l'efficacité de cette
modification, il faut l'essayer sur un cadavre parce
qu'on l'entend respirer en vertu des tractions, tandis
qu'un individu vivant respire toujours pour son
propre compte. » *(Lettre du 12 Novembre 1877,
du professeur Pacini).*

Cette modification rend, en effet, moins fatigante
la manœuvre, mais elle lui enlève une partie de
cette simplicité qui la faisait rivaliser avec celle du
Docteur Silvester. Néanmoins, si on trouve une
corde, il faudra s'en servir, comme il est indiqué
ci-dessus, pour ménager ses forces.

Dans les cas de pendaison on aura sous la main
la corde du pendu qui, d'instrument de mort, se
changera ainsi en instrument de résurrection.

Mais si on ne trouve point de corde, il faudra
pratiquer la manœuvre sans le secours d'aucun
objet, comme il a été décrit précédemment.

Ainsi donc, si l'on est seul, on choisira le procédé
Silvester, que l'on pourra continuer plus longtemps.
Si l'on est plusieurs personnes, on pourra pratiquer
le procédé Pacini, en se relayant à mesure que l'on
est fatigué.

Il faut continuer quelque temps la respiration
artificielle, même après que l'asphyxié a fait les

premières inspirations naturelles ; on aide ainsi les forces musculaires qui, trop faibles, pourraient s'éteindre après les premiers efforts.

Je ne dis rien des soins consécutifs à donner aux asphyxiés, parce que, l'individu rappelé à la vie, on a toujours le temps d'appeler un médecin qui sera le meilleur juge de ce qu'il y aura à faire.

IV

CONCLUSION.

En résumé, que faut-il faire en présence d'un asphyxié?

Si c'est un pendu, la première chose à faire est de couper la corde. Il existe malheureusement encore parmi les gens du peuple le préjugé qu'il faut attendre M. le commissaire de police pour toucher à un pendu. Il n'y a aucune loi qui favorise ce préjugé; et y en aurait-il une, il faudrait s'empresser de l'enfreindre ; car sauver son semblable est la loi suprême de la fraternité humaine.

Si c'est un individu qui s'est asphyxié par le charbon allumé dans une pièce fermée, il faut immédiatement ouvrir portes et fenêtres, afin que l'air extérieur vienne remplacer l'atmosphère irrespirable.

Si c'est un noyé, il faut débarrasser la bouche et les narines des mucosités mêlées au sable ou à la vase.

Ces préliminaires exécutés, on débarrasse rapidement l'individu de ses habits, et on se met aussitôt à pratiquer la respiration artificielle.

Si plusieurs personnes se trouvent sur le lieu de l'accident, pendant que l'un pratique la respiration artificielle qui est le remède capital, d'autres pourront employer les moyens accessoires dont j'ai fait mention précédemment. On pourra, par exemple , envelopper le corps de couvertures chaudes , le frictionner vigoureusement pour rappeler la chaleur et la circulation, réveiller la sensibilité, etc., etc. Car ces moyens, employés secondairement , aideront l'action principale , opérée par la respiration artificielle. Mais je le répète, ils deviennent dangereux s'ils sont employés exclusivement, parce qu'ils font perdre le temps le plus précieux pour rappeler à la vie les asphyxiés.

Un des obstacles les plus ordinaires à l'efficacité des manœuvres de la respiration artificielle consiste dans le renversement de la langue en arrière, en sorte qu'elle bouche les voies respiratoires et ne permet pas le passage de l'air , malgré les tractions les plus énergiques qu'exerce l'opérateur.

Pour remédier à cet inconvénient assez fréquent, il faut tirer la langue au dehors et l'y maintenir. On commencera par ouvrir la bouche, ce qui souvent est assez difficile, à cause de la contraction des muscles. L'arsenal chirurgical est riche en dilatateurs de la bouche depuis le simple coin de bois jusqu'aux instruments plus compliqués de Heister, de Bruns, etc. Mais, comme on n'a pas ces instruments sous la main, on y suppléera par un morceau de bois , un objet quelconque, faisant office de coin.

La bouche ouverte, on saisira la langue entre les doigts recouverts d'un mouchoir pour qu'elle ne glisse pas, et on la maintiendra au dehors, comme je l'ai déjà dit en décrivant le procédé Silvester. On peut également la ramener en avant avec le doigt indicateur recourbé en crochet et porté dans le fond de la bouche sur la base de la langue. Le professeur Pacini conseille un moyen bien simple pour dégager les voies respiratoires de la pression de la langue : il consiste à exercer une douce pression, avec le pouce et l'index réunis, sur la partie inférieure de ce que l'on nomme vulgairement la pomme d'Adam.

Lorsque l'air pénètre dans la poitrine, il fait entendre un bruit particulier qui indique que les voies respiratoires sont libres. Il faut alors continuer vigoureusement la respiration artificielle, sans se lasser ni se laisser influencer par les dires des assistants qui, ordinairement, donneront d'autant plus de conseils qu'ils seront plus ignorants. Qui, dans ces circonstances, peut affirmer qu'un individu est mort ? Et quand bien même nos efforts auraient été inutiles, où serait le mal ? On cite des cas où des individus ont été sauvés, après avoir pratiqué la respiration artificielle 30 , 40 minutes et même une heure. Ces cas, quoique très-rares, ne doivent-ils pas nous engager à persévérer, à ne pas désespérer ? Et si au bout d'un certain temps nous voyons cet asphyxié soulever sa poitrine et revenir à la vie, grâce à nos efforts, quelle ne sera pas notre satisfacton !

Je suis persuadé que si les notions élémentaires sur les secours à donner aux asphyxiés étaient plus répandues dans le public, on rappellerait à la vie un plus grand nombre de ces malheureux qui se noient par accident, ou que la misère, les peines morales et physiques poussent au suicide.

Les moyens les plus efficaces sont en même temps les plus simples et à la portée de tous. Tous peuvent les pratiquer à l'occasion, mais il faut qu'ils soient connus, vulgarisés; c'est ce que j'ai essayé de faire plusieurs fois; c'est ce que j'essaie encore ici.

Je ne connais pas de satisfaction plus grande que celle d'avoir sauvé son semblable. Aucune distinction honorifique n'égalera jamais la récompense que nous donne notre propre conscience, lorsqu'elle nous dit intérieurement : tu as sauvé ton prochain; tu as bien mérité de l'humanité.

INSTRUCTIONS

POUR LE TRAITEMENT

DES ASPHYXIÉS

ET EN GÉNÉRAL DE TOUTE PERSONNE EN ÉTAT DE

MORT APPARENTE

FORMULÉES D'APRÈS LES

DIRECTIONS FOR RESTORING THE APPARENTLY DEAD

de la

SOCIÉTÉ ROYALE HUMANITAIRE D'ANGLETERRE

Par le Docteur BOS

ET ADOPTÉES SUR SA PROPOSITION PAR

L'Institut de Sauvetages de la Méditerranée

———————

I. — MORT APPARENTE PAR SUBMERSION, SUFFOCATION OU EMPOISONNEMENT (Noyés, Pendus, Asphyxiés par le charbon, etc.)

Tout en envoyant chercher immédiatement un médecin, des couvertures de laine et des vêtements secs, commencez DE SUITE le traitement du malade en lui donnant le plus d'air frais possible.

Le traitement se résume en deux points importants : 1° Rétablir IMMÉDIATEMENT la **respiration** ; 2° APRÈS

LE RÉTABLISSEMENT DE LA RESPIRATION, exciter la **chaleur** et la **circulation** du sang.

On doit persévérer dans ces efforts pour rappeler à la vie le malade jusqu'à l'arrivée du médecin, ou tout au moins pendant une heure après la cessation du pouls et de la respiration.

TRAITEMENT POUR RÉTABLIR LA RESPIRATION NATURELLE.

1re RÈGLE. — *Maintenir libre le passage de l'air dans les poumons.*— Nettoyez bien la bouche et les narines ; ouvrez la bouche, tirez la langue au dehors et maintenez-la dans cette position au moyen d'une bande élastique ou d'une attache quelconque passée sur la langue et sous le menton. Débarrassez le cou et la poitrine de tout vêtement qui pourrait gêner et surtout des bretelles.

2me RÈGLE. — *Position du patient.* — Mettez le corps du patient sur le dos, couchez-le sur une surface plane et inclinée des pieds à la tête, de manière que celle-ci soit légèrement plus élevée ; soulevez et soutenez la tête et les épaules, en plaçant sous les omoplates un petit coussin dur ou des vêtements enroulés.

3me RÈGLE. — *Imiter les mouvements de la respiration.* — Saisissez les bras du patient un peu au-dessus des coudes, tirez-les en haut doucement, sans secousses, mais fermement jusqu'au dessus de la tête, et maintenez-les dans cette position pendant deux secondes (ce premier temps de l'opération a pour objet de faire entrer l'air dans les poumons, et correspond à l'INSPIRATION naturelle. *V. fig. I).* Ramenez ensuite les bras fléchis du patient et pressez-les doucement mais fermement contre les côtes pendant deux secondes (ce second temps a pour objet de faire sortir l'air des poumons et répond à l'EXPIRATION naturelle. *V. fig. II).* Une pression exercée avec la main sur le devant de la poitrine aidera ce second temps de l'opération.

I. — INSPIRATION.

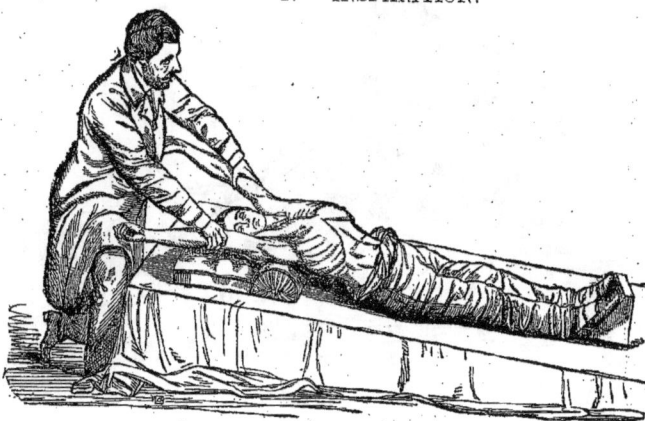

II. — EXPIRATION.

Répétez ces mouvements alternatifs avec vigueur et persévé-
rance quinze fois par minute, jusqu'à ce que le patient respire
de lui-même, spontanément ; cessez alors la respiration artificielle pour passer aux moyens propres à activer la CHALEUR et
la CIRCULATION du sang.

4ᵐᵉ RÈGLE. — *Exciter l'Inspiration.*— Pendant qu'on pratique
la respiration artificielle comme ci-dessus, excitez les narines
avec du tabac à priser ou de l'ammoniaque liquide ; chatouillez
la gorge avec une plume d'oie ; frictionnez vivement la poitrine
et la figure, et jetez-y alternativement de l'eau chaude et de l'eau
froide.

TRAITEMENT APRÈS LE RÉTABLISSEMENT DE LA RESPIRATION

5ᵐᵉ RÈGLE. — *Activer la chaleur et la circulation.*— Enve-
loppez le malade de couvertures de laine sèches, frictionnez
vigoureusement les jambes de bas en haut. On doit continuer
les frictions sous les couvertures de laine ou sur les vêtements
secs.

Excitez la chaleur par l'application de flanelle chaude, de
bouillottes, de bouteilles d'eau chaude, de briques chauffées, etc.,
sur le creux de l'estomac, sous les aisselles, entre les cuisses,
sous la plante des pieds. En général, les assistants procureront
des habits chauds.

Lorsque le malade est revenu à lui-même et qu'il peut avaler,
donnez-lui une cuillerée à café d'eau chaude, ou de vin chaud
ou de grog, ou de café. On doit tenir le malade au lit et encou-
rager toute disposition au sommeil. Pendant la réaction, de
larges sinapismes appliqués sur la poitrine, devant et derrière,
faciliteront la respiration oppressée.

II.— MORT APPARENTE CAUSÉE PAR UN FROID INTENSE.

Frottez le corps avec de la neige, de la glace ou de l'eau froide. Rétablissez la chaleur graduellement, lentement. Dans de semblables accidents il est très-dangereux de la ramener trop vite.

III.— MORT APPARENTE CAUSÉE PAR L'IVRESSE.

Couchez l'individu sur le côté, la tête haute; provoquez le vomissement, en enfonçant le doigt jusqu'au fond de la gorge, en la chatouillant avec une plume d'oie, en donnant de l'eau chaude. N'employez point les stimulants (vin, cognac, etc.).

IV.— MORT APPARENTE PAR APOPLEXIE OU INSOLATION.

Faites des applications froides (vessie pleine de glace pilée, compresses d'eau froide, d'alcool, d'éther) sur la tête qui doit être tenue bien relevée. Débarrassez le cou et la poitrine de tout vêtement qui pourrait serrer. N'employez point de stimulants. Combattez la tendance au sommeil (sinapismes, bains de pied chauds avec moutarde ou cendre; café).

SIGNES QUI EN GÉNÉRAL INDIQUENT LA MORT.

Il n'y a plus ni respiration ni battement de cœur ; les paupières sont ordinairement à moitié fermées ; les pupilles dilatées ; les mâchoires fortement serrées ; les doigts à demi contractés ; la langue entre les dents ; la bouche et les narines couvertes d'écume ; le froid et la pâleur du corps très-prononcés.

OBSERVATIONS GÉNÉRALES.

Le traitement doit être continué pendant trois ou quatre heures. C'est une grave erreur de croire qu'une personne ne peut être rappelée à la vie, quand elle ne reprend pas ses sens au plus tôt ; des résultats heureux ont été obtenus même après cinq heures de soins persévérants. Il est absurde de croire qu'on ne peut ni toucher ni enlever un corps, serait-il même d'un pendu, sans la permission du parquet ou de la police.

FIN.

MARSEILLE.— Imprimerie du Journal de Marseille, ex-J. Barile, rue Sainte, 6.

DU MÊME AUTEUR

Lettres sur l'Enseignement Médical, 1866.

Physiologie de Lewes, traduit de l'anglais, 1870

Les commencements de la Commune, 1872.

Étude sur les blessures produites par les nouveaux fusils, 1873.

Essai historique sur la transfusion du sang, 1875.

De la dilatation rapide des rétrécissements de l'urèthre, 1877.

www.ingramcontent.com/pod-product-compliance
Lightning Source LLC
LaVergne TN
LVHW022038080426
835513LV00009B/1126